RHINOVERLAG

Impressum

Tel.: (0 36 77) 6 30 25, Fax: (0 36 77) 6 30 40, www.rhinoverlag.de

Fotos:	Volker Knuth und Photographen, die seit 100 Jahren vor ihm das Leben in Ahlbeck auf Postkarten festhielten
Redaktion:	Anette Cotta
Layout, Satz:	Sibylle Senftleben
Schrift:	Book Antiqua
Titelgestaltung:	Sibylle Senftleben
Druck:	DZA Druckerei zu Altenburg GmbH, Altenburg

1. Auflage 2008

ISBN: 978-3-939399-12-4

Dietrich Gildenhaar
Volker Knuth

Seebad Ahlbeck

Die Entwicklung eines Badeortes

RHINOVERLAG

Inhaltsverzeichnis

Seite

Ahlbeck, gelegen auf der Insel Usedom, gehört zu den ältesten, architektonisch bedeutsamsten und größten Ostseebädern Deutschlands. Der kilometerlange feinsandige Strand, breite Dünenwälle und bewaldete Höhenzüge sind die Mosaiksteine einer außergewöhnlichen Landschaft, welche eingebettet ins Oderdelta, einmaligen Charakter trägt. Von der berühmten Seebrücke aus schweift das Auge des Betrachters über die Pommersche Bucht bis hinüber zu den Steilküsten der Insel Wolin/ Wollin und der Mündung des Swinestroms. Steinmolen, Verladekräne und der alte Leuchtturm weisen den Weg in den Hafen der polnischen Stadt Swinoujscie/Swinemünde, bereits in deutscher Vergangenheit ein weithin bekanntes Seebad und maritimes Wirtschaftszentrum. Nordwestlich erheben sich aus den Küstenwäldern die Silhouetten der ineinander übergehenden Seebäder Heringsdorf und Bansin. All das ist die Kulisse eines zeitlosen Bildes sich ständig wiederholender sommerlicher Rituale. Scheinbar von unbekannten Gestaden kommend, zieht das Bäderschiff seine schaumige Spur durch die Wellen, ebenso wie die weiße Skandinavienfähre, deren Umrisse am Horizont mit dem blauen Himmel verschmelzen. Einzelne Badegäste gehen in der Frühe vorsichtig, tiefe Spuren hinterlassend, auf den noch vom Sturmhochwasser feuchten Sand, um die zahllosen Sonnenhungrigen des Tages anzukündigen. Noch unbeeindruckt davon verharren die Strandkörbe auf ihren angestammten Plätzen und schiebt sich die Nussschale von Fischerboot in das flache Wasser, um dort vorübergehend zu ankern und sich des Fanges zu entledigen. Raubeinige Männer schleppen mit Fisch gefüllte Kisten an den Strand, wo geduldige Käufer der Meereskostbarkeiten auf sie warten. Als vor gut dreihundert Jahren ein Müller an dem in die See mündenden Aal-Bach seine Wassermühle errichtete, ahnte er nicht, dass nur kurz darauf an dieser urwüchsigen, einsamen Küste Vorpommerns zwei Dörfer gleichen Namens heranwachsen würden. Die „Ahlbecker“, ein buntes Völkchen von Büdnern, Teerbrennern, Tagelöhnern und preußischen Kolonisten, wandten sich bald der von der Obrigkeit genehmigten Strandfischerei zu. Die Einwohner lebten nun über Generationen vom Hering und von der Flunder und von ihren Fähigkeiten im Umgang mit Booten, Netzen und Garnen. Es war ein bescheidenes Leben in der Gemeinschaft, dessen Alltag unberechenbare Naturgewalten und die Tücken der See bestimmten. Als diese „Idylle“ immer häufiger städtische Sommerfrischler aufsuchten, führten sie mit dem „Baden im Meer“ eine alles verändernde Neuerung ein. Die Fischerfamilien erkannten sehr wohl ihre Chance, hatten sie doch nichts gegen ein paar Taler an zusätzlichem Verdienst einzuwenden, zumal die Vermietung keinen nennenswerten Aufwand bedeutete. Motiviert durch die Entwicklung der Nachbarorte Misdroy, Swinemünde und Heringsdorf, bauten die Fischer aus eigener Kraft nach der Dorfvereinigung zwischen 1882 und 1900 ihr „Seebad Ahlbeck“, das sich als „Familienbad“ im Deutschen Kaiserreich bald einen Namen machte. Für tausende Badegäste in der Saison öffneten ansehnliche Pensionen, Hotels, Villen und die „Kirche auf der Düne“ ihre Pforten als gestalterisch-künstlerische Meisterleistungen der später so genannten „Wilhelminischen Bäderarchitektur“. Innerhalb des baulichen Ensembles avancierte der hölzernen Seebrückenpavillon über den Wellen zum Symbol des Wandels und zum Wahrzeichen des Bades, ebenso wie Aal und Greif im Ortswappen. Selbst Majestät Kaiser Wilhelm II. ließ es sich nicht nehmen, seinen Beitrag für das nunmehr zweitgrößte Seebad auf Usedom zu leisten. Die in der Tradition verwurzelten Ahlbecker blieben Fischer, ihre Söhne wurden Handwerker, Vermieter und auch noch Fischer oder schon Geschäftsleute, und mancher Hausbesitzer konnte bald allein von den Mieteinnahmen leben. Die entstandene soziale und ökonomische Struktur des Seebades bewährte sich als festes Fundament in den Krisen der zwanziger Jahre, in der Periode, als die bürgerlichen Mittelschichten aus Berlin das „Volksbad“ eroberten und in den Jahren danach, als der neuerliche Aufschwung zum zweiten Mal in einem Weltkrieg endete. Die Veränderungen der Grenzen 1945 werteten das Seebad Ahlbeck vorübergehend zur Kreisstadt auf und erforderten von den Bewohnern, darunter viele heimatlos gewordene Schlesier, Hinterpommern und Ostpreußen, sich an die neue Zeit und an den neuen Nachbarn Polen zu gewöhnen. Als Erholung zum Gesetz erhoben wurde und sich fast jeder seinen Urlaubsplatz leisten konnte, stieg der „Staatlich anerkannte Erholungsort“ Seebad Ahlbeck auf zu einem der begehrtesten Reiseziele in einem Land eingeschränkten Reisens. Dabei lebten die Einwohner selbst mit, aber längst nicht nur von den Urlaubern, denn an Arbeit mangelte es an der Küste nicht. Nach der deutschen Vereinigung erlangte der Fremdenverkehr in Ahlbeck objektiv notwendig die Priorität, fußend auf Erfahrung, auf Traditionen und auf der zurückhaltenden Gelassenheit schnellen Veränderungen gegenüber. Modernes Wohnen hinter sanierten historischen Fassaden, Urlaubsangebote über das ganze Jahr und die letzten Nachfahren der Fischer gehören heute ebenso zum Seebad Ahlbeck, wie die Präsentation als „Kaiserbad“ im kommunalen Verbund mit Heringsdorf und Bansin. Die hier ausgewählten Motive dokumentieren durch den Vergleich zwischen Vergangenheit und Gegenwart sowohl den Bestand an bemerkenswerten Bauten der Bäderarchitektur als auch den Wandel des „Badewesens“ in vielen seiner Facetten. Dadurch leistet die Darstellung selbst einen Beitrag zur Kultur und Geschichte der Insel Usedom.

Das Seebad Ahlbeck

Die **Anfänge des Seebades Ahlbeck** führen zurück in das Jahr 1700, als der Müller Michael Agner aus der Stargarder Heide unweit der Mündung des Aalbaches, damals Aal-Beek genannt, eine Wassermühle baute. Das Land westlich des Baches, auf welchem sich die „aalbeeksche Mühle“ erhob, war Eigentum des schwedisch königlichen Generalmajors Borchard Möller von der Lühne mit Sitz auf dem Schloss in Mellenthin. Noch im gleichen Jahr siedelten sich im Umfeld der Mühle ein Teerbrenner namens Ulrik Almann und der Fischer Andreas Larson an. Agner selbst lag im ständigen Streit mit seinem Grundherrn, da dieser sich nicht gewillt zeigte, die verauslagten Baukosten zurückzuerstatten. 1747, die Insel Usedom befand sich seit dem Ende des Nordischen Krieges im Besitz der preußischen Krone, ließ König Friedrich II. die Mellenthiner Güter allodifizieren und an den Kriegsrat Oberamtmann Bleichert Peter von Meyenn verkaufen. Die Mühle hatte inzwischen mehrfach den Besitzer gewechselt, wobei der Ort in den folgenden zwanzig Jahren auf fünf Hausstellen anwuchs und sich der Name „Ahlbeck-adligen Anteils“ einbürgerte. Zwischen 1751 und 1765 war auch südöstlich des Baches ein kleines Dorf entstanden, das entsprechend der Eigentumsverhältnisse „Ahlbeck-königlichen Anteils“ genannt wurde. Offizielle Gründungsurkunden liegen für beide Dörfer nicht vor. Bald entwickelte sich der Mühlenbetrieb zu einer preußischen Staatsangelegenheit, führte doch das Stauwehr der Mühle in regenreichen Jahren zum Anstieg des Wasserspiegels im Gothensee und damit zum übermäßigen Durchnässen der Felder am Rand des Thurbruch-Niederungsmoores. Die dort ansässigen Bauern beschwerten sich über diesen Missstand in steter Regelmäßigkeit bei der Domänenkammer in Stettin, weil alle bis dahin eingeleiteten wasserbautechnischen Maßnahmen zur Lösung des Problems erfolglos geblieben waren. 1769 übernahm der Geheime Finanzrat Franz Balthasar Schönbergk von Brenckenhoff als „Kolonisator des Königs“ die Angelegenheit. Im Ergebnis schwieriger Verhandlungen mit dem Kriegsrat Peter Ernst von Meyenn wurde 1772 in Friedeberg ein „Mühlenvertrag“ geschlossen. Dieser beinhaltete den Ausbau des Mühlenwerkes mit entsprechenden Entschädigungen der Eigentümer und die Ansiedlung von Kolonisten zur Reinhaltung des Baches. Binnen Kürze erfolgte die Umsetzung der vereinbarten Regelungen. Die zwölf Kolonisten erhielten Siedlungs- und Gartenland sowie je einen „Hausbrief mit Erbverschreibung“. Von Brenckenhoff wusste sehr wohl, dass seine Neusiedler mit den wenigen königlichen Zuschüssen ihren Lebensunterhalt auf Dauer nicht bestreiten konnten und sorgte deshalb für die Erteilung des Rechts auf die Fischerei vom Strande aus. In seiner Beschreibung des preußischen Pommerns berichtete der Konsistorialrat Ludwig Wilhelm Brüggemann bereits um 1779 von „Ahlbeck als Fischerdorf am Rande der Ostsee“. Wirtschaftlich effizient wurde jedoch die Strandfischerei erst infolge der Heringsschwemmen nach 1815. Auf der Insel Usedom und nachweislich auch in Ahlbeck ließ die Domänenkammer auf Order des Oberpräsidenten von Pommern, August Sack, Heringspackhäuser errichten, in welchen der Fisch sortiert, gesalzen und in Fässer verpackt werden musste. Der Staat leistete vielfältige Unterstützung, verzichtete auf Reglementierungen, lieferte das kostbare Salz steuerfrei und sicherte damit, einschließlich des Kartoffelanbaus, nachhaltig die Ernährung der Bevölkerung im ländlichen Raum Preußens. Das sollte sich im Laufe der Jahre vor allem für die Küstenbevölkerung in der Verbesserung des Lebensniveaus bemerkbar machen. Bis 1847 hatte sich die Einwohnerzahl beider Ahlbecker Dörfer schon auf 475 Personen erhöht, die fast alle von der Fischerei und mit der See lebten. In seinem Reisesachbuch „Strand-, See- und Naturansichten und Lebensbilder aus dem Seebade und Fischerdorfe Ahlbeck“, erschienen 1873, stellte der Koserower Lehrer und Autor Karl Koch fest: *„Die Leute sind ernst und still und sprechen*

„Siesta am Strand“, um 1900

wenig. Fleiß, Ausdauer, kühnes Wagen auf dem Meer, Zufriedenheit, Genügsamkeit, schlichte Redlichkeit im Familienleben, Treue, reines Naturgefühl, offene und derbe Wahrheitsliebe sind ihnen angeboren […]. Die Kleidung der Männer besteht aus […] bei den Seefahrern typisch gewordenen Jacken, weiten Büchsen (Hosen), mächtigen Stiefeln, die bis zu den Hüften reichen und daselbst an einem Lederriemen befestigt werden und einem geölten Südwester. Ihr Hemd ist von blauem Flanell, einem Wollstoffe. Viele tragen am Halse einen wollenen Schal, sowohl Winter als Sommer.“
Sofort nach dem Anlanden der Boote, transportierten die Ehefrauen und Kinder der Fischer sowie Hilfskräfte den Fang in die Dünen zum Verarbeitungsplatz, wo noch heute einzelne „Fischerbuden“ stehen. Dort wurden die Fische ausgekehlt, sortiert, aus den Maschen gepöllt und die „leeren“ Netze zum Trocknen an Stangen aufgehängt. In der Zwischenzeit schoben die Männer mit vereinter Kraft ihre Boote auf den Strand und drehten sie wieder in Richtung Meer für die nächste Ausfahrt. Drohte schweres Wetter, zog man die Boote mittels Seilwinden hinauf bis in die Dünendurchgänge. Die Ostsee lieferte Heringe, Sprotten, Heiligenbutten, Stein- und Glattbutten sowie alle Arten von Flundern. Als sich das Räuchern durchgesetzt hatte, erfreute sich die „Ahlbecker Flunder“ wegen ihrer Größe bald besonderer Beliebtheit bei Gasthausbetreibern und Gästen. Den besten Fisch, ob Salzhering oder Räucherwaren, kauften Händler auf, wobei sich der Preis nach Angebot und Nachfrage richtete. Das, was noch übrig blieb, diente dem Direktverkauf vor Ort sowie dem Eigenbedarf. Entsprach das Geschäft nicht den Erwartungen, trugen die Frauen den Fisch in Kiepen zum Markt nach Swinemünde. Für den Erlös erwarben sie Waren für die Familie, welche nur städtische Läden verkauften.
Grundsätzlich änderte sich in der Strandfischerei über Jahrzehnte kaum etwas, außer dass Motoren nach und nach die Segel der Boote ersetzten und strapazierfähigere Netze eingesetzt wurden. Wegen Überfischung der Ostsee, zunehmender Fischimporte und bedingt durch Aufbau einer modernen Nahrungsgüterindustrie verringerte sich die Zahl der gewerblich tätigen pommerschen Küstenfischer in der ersten Hälfte des 20. Jahrhunderts. Zählte die Statistik 1908 in Ahlbeck 300 Fischer, so betrieben 1938 nur noch 50 Fischer dieses Gewerbe hauptberuflich. Organisiert in Genossenschaften mit staatlichen Planvorgaben und garantierter Abnahme des Fangs verbesserte sich erst zu DDR-Zeiten die soziale Lage der Fischerfamilien grundlegend. *„1959 gründete sich die Fischereiproduktionsgenossenschaft ‚X. Jahrestag‘. 1965 gehörten ihr 27 Fischer aus Ahlbeck und 26 Mitglieder aus der Umgebung an. 1967 spezialisierten sich die Genossenschaftsfischer entsprechend der Vorgaben auf Makrelen, auch ‚DDR-Volksfisch‘ genannt. Der Ahlbecker Fischsalat wurde zu einem Markenzeichen der Genossen-*

schaft. Durch Bereitstellung besserer Produktionsmittel wie Dederon- und Monofilnetze, den Neubau von 26 genossenschaftlichen Booten und Anschaffung stärkerer Motoren, erreichte 1975 die Fischanlandung 1550 Tonnen. Schwierigkeiten bereitete immer wieder die Bereitstellung von Verpackungsmaterial, Leerdosen, Kisten und Transportkapazität. Die größte Fangmenge war der Hering, gefolgt von Plattfisch, Dorsch und Aal […]. Das Lebensniveau der Fischer ist gestiegen, die Einnahmen sind gesichert, bei Schäden hilft die Versicherung. Die Arbeit ist dabei nicht leichter, aber sicherer geworden.", stellte 1987 der Genossenschaftsvorsitzende fest. Unter den Bedingungen der Europäischen Union reduzierte sich seit 1990 die Strandfischerei aus ökonomischen Gründen in Ahlbeck dramatisch und nur noch einzelne Fischerfamilien konnten deshalb ihrer Berufstradition treu bleiben. Die Fischerei, von Urlaubern, Schriftstellern und Journalisten oftmals als abenteuerlich-romantische Arbeit verklärt, war stets eine schwere und gefährliche Angelegenheit im Kampf der Seeleute mit den unberechenbaren Naturgewalten. So fanden allein zwischen 1862 und 1912 mehr als 50 Ahlbecker Fischer den Tod bei der Ausübung ihres Berufes. Der Idee eines Friedrich Holtz verdankten die Ahlbecker Dorfbewohner, den Fremdenverkehr als neue und dauerhafte Einnahmequelle für sich zu nutzen. Der spätere Pächter des Gutes Stolpe, gelegen bei der

Als es noch einen „Droschken-Halteplatz" gab, um 1900

Stadt Usedom, schickte im Sommer 1852 seine beiden Töchter, deren Erzieherin und eine Fuhre Rohr für Badehütten an den Strand nach Ahlbeck, um den Damen das Baden in der See zu ermöglichen. Die Fischer wunderten sich im Grunde nicht über dieses Ansinnen, hielten sich doch in Swinemünde schon seit 1824 „Städter und Sonderlinge“ auf, die der neuen Mode des Badens frönten. Obwohl das Meer nach Gottes Willen allein dem Broterwerb diente, meinten die Fischer, spräche nichts gegen einen zusätzlichen Verdienst. Diese Auffassung bestimmte von nun an ihr Handeln, da in den folgenden Sommern immer mehr Gäste die dörfliche Idylle und die landschaftlich reizvolle Umgebung für sich entdeckten. An Beherbergung standen den Besuchern lediglich bescheiden eingerichtete Stübchen in den schlichten Fischerhütten zur Verfügung, ansonsten mangelte es an jeglichem Komfort. Der Ordnung halber errichteten die Einwohner einfache Badeanstalten, sorgten für ausreichend Verpflegung und erstellten eine „Nachweisung derjenigen Hauseigentümer, welche Wohnungen für Badegäste und Fremde eingerichtet haben nebst Angabe des Mietpreises“. Erst 1875, als sich in Heringsdorf schon eine Aktiengesellschaft mit dem Badewesen beschäftigte, baute der Kaufmann Albert Wendicke, ein gebürtiger Neuruppiner, das erste Hotel des aufstrebenden Badeortes mitten hinein in die Dünen und das mit garantiertem Meerblick für die Gäste. Ein dazugehöriger Saal bot Platz für das Speisen in Gesellschaft sowie für Veranstaltungen. Wendicke, Ehegatte einer Ahlbecker Fischertochter, erkannte als hoch motivierter Geschäftsmann des gerade aus der Taufe gehobenen „Kaiserreiches deutscher Nation“ im organisierten Badewesen die Zukunft Ahlbecks, womit er Recht behalten sollte. Nur kurze Zeit später beantragten die Mitglieder der gerade gegründeten privaten Badegesellschaft das Aufstellen neuer Badeanstalten und die Einführung der Kurabgabe beim Kreisausschuss in Swinemünde. Dem Ansinnen stimmten die dortigen Beamten wohlwollend zu, jedoch unter der Voraussetzung einer Vereinigung beider Ahlbecker Dörfer. Obwohl die Einwohner solche einschneidende Maßnahme nicht erwartet hatten, erklärte sich die Mehrheit nach kontroversen Diskussionen letztendlich damit einverstanden. Der amtliche Erlass lag am 6. März 1882 vor. Der vereinigte Ort mit mehr als tausend Einwohnern durfte vorerst nur den Namen „Ahlbeck“ tragen. Dem Zusatz „Seebad“ wurde offiziell erst 1908 stattgegeben. Unter Führung des Gemeindevorstehers Ernst Krüger, selbst Fischer von Beruf, verwandelte sich die bis dahin unberührte Dünenlandschaft in eine große Baustelle. Die „Commandit Aktiengesellschaft Heringsdorf“, noch Eigentümer von Teilen dieses Areals, zeigte sich verkaufswillig, da profitable Geschäfte lockten und machte sich anfänglich selber als Investor beim

Bau mehrerer Villen und des Hotels „Seeblick“ verdient. Die schmalen Fischersteige dienten als Ausgangspunkt des sich stetig erweiternden Wegenetzes, aus dem die See-, Prinzen-, Dünen- und Kaiserstraße hervorgingen. Als Bauherren agierten die Ahlbecker vorwiegend selbst, finanziell mit eigenen Ersparnissen und Krediten der noch freigebigen Banken ausgerüstet. Vor dem dörflichen Ahlbeck erhob sich bald eine Silhouette von Pensionen, Hotels und Villen mit prächtigen Fassaden in Neogotik oder Neobarock,

Begegnung am Strand, um 1900

mit Säulen, Balkonen und hölzernen Veranden, die sich kaum von denen der Nachbarbäder unterschieden und ganz auf die Bedürfnisse des Publikums ausgerichtet waren. Die Inbetriebnahme der Eisenbahnstrecke Swinemünde–Ahlbeck–Heringsdorf 1894 stellte eine moderne Verkehrsverbindung zwischen dem jungen Bad, der Hauptstadt Berlin und den anderen großstädtischen Zentren Deutschlands her. 1895 konnte die neugotische Kirche ihrer Bestimmung übergeben werden, eine Initiative des Lehrers und Kantors Johann Christian Koch, und kurze Zeit später öffnete der „Ahlbecker Hof“ als „Erstes Hotel am Platze“ seine Pforten. Beiderseits der Seestraße erhielt „Wendickes Hotel“ Gesellschaft durch Kaufhäuser, Cafés, Läden und ein stattliches Postamt. Parallel zum Strand legten die Ahlbecker eine Flaniermeile an, welche in den Konzertplatz mündete. Gemeindevorsteher Major

a. D. Dreher sorgte für den Anschluss an das Wasser- und Stromnetz, für ein neues Amtsgebäude in der Lindenstraße sowie für das obligatorische Warmbad, heute Sitz der Gemeindeverwaltung und des Bürgermeisters. Die 1898 fertig gestellte Seebrücke, ein türmchenbekrönter hölzerner Restaurant-Pavillon über den Wellen, prägte sich zum Mittelpunkt des Badelebens und zum Wahrzeichen Ahlbecks aus. Der in das Meer reichende nachgerüstete Steg ermöglichte die Einbeziehung des Bades in die Linien des Seebäderschiffsverkehrs, wobei für die An- und Ablandung der Passagiere Motorboote zum Einsatz gelangten. 1899 verwies die Statistik der Badedirektion auf eine beeindruckende Bilanz, war doch die Zahl der Gäste seit 1885 von 4531 Personen auf 14043 Personen angestiegen. Als das 20. Jahrhundert anbrach, hatte sich Ahlbeck als zweitgrößtes Seebad der Insel Usedom etabliert. Im Führer „Die Seebäder der Insel Usedom und Wollin und der angrenzenden pommerschen Küste“ von 1896 steht vermerkt: *„Ahlbeck, früher ein ausgedehntes, auf kahler Düne gelegenes einfaches Fischerdorf, gehört zu den Badeorten, welche, ohne ihren Grundcharakter vollständig zu verändern, sich zu einer nie geahnten Höhe aufgeschwungen haben […]. Die alten, niedrigen Fischerhäuser, heute nur noch in einigen Seitenstraßen erhalten, haben stattlichen Wohnhäusern, Villen und palastartigen Bauten Platz gemacht. Aber trotz seiner baulichen Veränderungen hat Ahlbeck seinen bescheidenen Charakter im Allgemeinen bewahrt, ein ungeniertes und einfaches Leben ist hier noch vorherrschend, obwohl auch denen, welche Anspruch an größeren Komfort erheben, genügt werden kann.“* Im „deutschen Familienbad II. Ranges an der Ostsee“ dominierten der Strand und die Ungezwungenheit des Badelebens. Es ging zwar weit weniger herrschaftlich zu als in Heringsdorf, dafür aber mit den gleichen Reglementierungen: *„Die Vorbedingungen für die Errichtung von Familienbädern sind […] besonders vorgeschriebene Badeanzüge für beide Geschlechter und die Verabreichung der Badekarten nur an Familien. Die Familienbadeanstalten sind so einzurichten, dass die Herren und Damen getrennte Eingänge und gegenseitig nicht sichtbare An- und Auskleideräume, Laufstege und Einsteigetreppen zum Wasser haben und erst im Wasser zusammenkommen können.“* Doch nicht alle Einwohner gehörten zu den Gewinnern der Ahlbecker Gründerjahre. In der Tal-, Wiesen- oder Friedrichstraße blieb Vieles beim Alten, und der eine oder andere Fischersohn musste sich strecken, um in seinem Beruf als Tischler, Bäcker oder Schuster die Kredite des umgebauten Hauses abzuzahlen, die Arbeit der Eltern zu unterstützen oder die Auslastung der Gästewohnung zu sichern. Die familiären Bindungen sollten sich aus wirtschaftlicher Notwendigkeit heraus noch über Jahrzehnte stabil erhalten, selbst dann, wenn die Fischertochter einen „Bürgerlichen aus der Stadt“ geheiratet hatte.

Für Schlagzeilen sorgte damals der Schneidermeister Ferdinand Egelinski, der mit seinen Töchtern und Söhnen, 34 an der Zahl, als kinderreichster Vater der Welt tituliert und persönlich vom Kaiser für seine Leistung geehrt wurde. 1900 setzte sich die Bebauung des Dünenlandes mit dem Villenviertel „Ostende" fort. Im dortigen Forstgebiet ermöglichte die Bereitstellung finanzieller Mittel seitens der Hohenzollern-Stiftung die Errichtung eines Kinderheimes. In Anwesenheit Kaiser Wilhelms II. fand am 5. August 1912 an dem dafür vorgesehenen Platz die Baubesprechung statt. Bis April 1913 dauerten die Arbeiten unter der Leitung des Ahlbecker Zimmerermeisters Grünberg und der Firma Christoph & Unmach aus dem anhaltinischen Niesky als führendes Unternehmen auf dem Gebiet der Vormontage von Holzfertigteilen. Das „Kaiser-Wilhelm-Kinderheim" diente ab Mai 1913 dem Aufenthalt von Großstadtkindern sowie der Erziehung adliger Töchter und deren Ausbildung zu Hofdamen, wobei die Oberin gleichzeitig Ehrendame am kaiserlichen Hof war. Majestät selbst überzeugte sich vom Stand der Dinge noch einmal am 26. März 1913 und am 8. August des gleichen Jahres. Das letzte Projekt im Seebad vor Ausbruch des Ersten Weltkrieges war 1914 das „Siemens-Antonien-Arbeiterinnen-Erholungsheim". Diese Einrichtung des Siemens-Konzerns verfügte bei ihrer Inbetrieb-

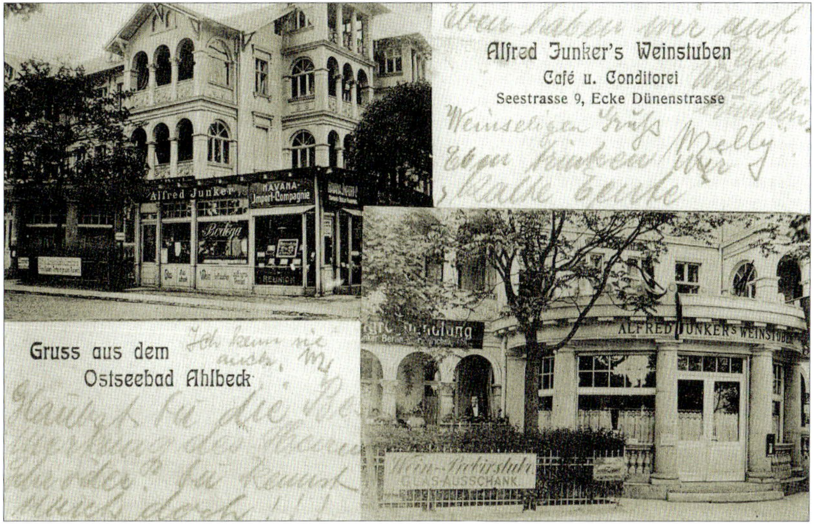

„Weinselige" Grüße nach „Kalter Ente", 1917

nahme über 33 Gästezimmer, einen Speisesaal für 100 Personen, Näh- und Leseräume sowie verschiedene Bäder. Konzipiert für die ganzjährige Nutzung, kündigte sich damit eine neue Qualität der Beherbergung im Fremdenverkehr an, die jedoch erst ein halbes Jahrhundert später zum allgemeinen Standart werden sollte. Nach dem Ersten Weltkrieg entwickelte sich Ahlbeck zum Seebad des Berliner Mittelstandes und leichtlebiger Wochenendgäste. Bedingt durch die wirtschaftliche Instabilität im Land stieg die Gästezahl erst ab 1925 wieder an, wobei 1927 mit 27160 Besuchern ein Rekordergebnis erzielt wurde. Der prominenteste Gast war 1924 Thomas Mann, welcher mit seiner Familie von der Insel Hiddensee kommend, einige Erholungstage in der Villa „Heimdall" verlebte. 1923 wurde in Ahlbeck Erika Asmus geboren, die in der Bundesrepublik als Schriftstellerin und Journalistin unter dem Pseudonym Carola Stern bekannt werden sollte. Ihr autobiographischer Roman „In den Netzen der Erinnerung" erzählt nicht nur vom Leben der Einwohner mit den Sommergästen, sondern dokumentiert gleichzeitig die sich verschärfenden politischen Auseinandersetzungen und die wachsenden sozialen Widersprüche in Ahlbeck am Ende der Weimarer Republik. Das liberal eingestellte Publikum der Zwanziger Jahre stieß bei den Einwohnern nicht immer auf Gegenliebe: *„Wir wissen*

Blick auf die Seebrücke in den 1920er Jahren

ja, woran unsere größten Seebäder kranken: an einem Übermaß an Vergnügungen, von Dielen, von Bars, von Jazzbands und andern lärmenden Beiwerk, das sich nicht nur in den Toiletten der Damen, sondern vor allem in den Preisen ausdrückt.", beklagte 1927 ein Redakteur der „Swinemünder Zeitung". Dennoch durften und konnten die Ahlbecker nicht wählerisch sein, zu viele hatten ihre Ersparnisse, Geschäfte und sogar ihre Häuser an „Ortsfremde" und „Zugewanderte" verloren und alle benötigten die Einnahmen aus dem Fremdenverkehr. Also akzeptierten sie Freibaden, nächtliche Strandkorbaffären, Tangotänze, unzensiertes Kabarett oder Liebesfilme im „Strandcasino". In ihrem Erinnerungsbericht schreibt die Tochter des Ahlbecker Dentisten Dr. Leber: *„Im Badeort war nur etwa die Hälfte Urbevölkerung, die anderen waren aus ganz Deutschland zugewandert, vor allem die Hotel- und Pensionsbesitzer. Es gab noch lange die kleine Küstenfischerei mit Segelbooten […]. Viele Fischer hatten eigene Räucheröfen und ihre eigenen Rezepte, was das Räucherholz betraf. War der Fang reichlich und somit billiger zu haben, kauften auch Pensionsköchinnen gerne ein […]. Natürlich wurden die Fischerboote nicht nur zum Fischfang benutzt, auch Gäste konnten raussegeln."* Die bedeutendste Leistung in der öffentlichen Präsentation des Seebades war 1929 die Er-

Neckische Pose am Strand, 1930er Jahre

stellung des seitdem gültigen Ortswappens auf Initiative des Buchdruckers und Chronisten Karl Ernst. Die fortschreitende soziale Differenzierung der Bevölkerung dokumentierte sich während der Weltwirtschaftskrise in steigender Erwerbslosigkeit und in der Politisierung des öffentlichen Lebens, was dazu führte, dass 1933 die Nationalsozialisten in Ahlbeck als Wahlsieger hervorgingen. In den Friedensjahren des NS-Regimes erlebte der Ahlbecker Fremdenverkehr einen erneuten Aufschwung, von dem systembedingt Hitlergegner ausgegrenzt und in dem „Juden nicht mehr erwünscht" waren. Bezahlbarer Urlaub unter Regie der Deutschen Arbeitsfront, Preisbindung, Schaffung von Heimen nationalsozialistischer Institutionen, Förderung von Handwerk und Fischerei, Vollbeschäftigung durch Arbeit in Rüstungsbetrieben, auf Werften, in der Seewirtschaft und auf den „Großbaustellen des Reiches" sowie der einsetzende Massentourismus führten in der Saison 1937 zu 522237 Übernachtungen. Damit rangierte das „Volksbad Ahlbeck" an dritter Stelle aller deutschen Seebäder hinter Kolberg und Kühlungsborn. Die meisten der mehr als 3900 Einwohner hatten sich in der „Volksgemeinschaft" eingerichtet, wobei die „Alteingesessenen" das „Unheil" ahnten, welches sich mit propagandistischen Veranstaltungen an der Heringsdorfer „Bismarckwarte" mit Flottenparaden der Kriegsmarine, Militärkonzerten und immer mehr Wochenendsoldaten auf der Promenade ankündigte. Fernab der Fronten blieb Ahlbeck vorerst eine „Urlaubsidylle" auf Zeit, die nur ein Übermaß an Uniformen, polizeilichen Verordnungen und ausländischen „Fremdarbeitern" trübte. Die alliierten Luftangriffe auf deutsche Städte rückten Ahlbeck und die Nachbarbäder ab 1943 in das Zentrum der „Erweiterten Kinderlandverschickung" und ab 1944 der Flüchtlingstrecks aus den schwer umkämpften Ostgebieten. Der Zweite Weltkrieg endete für die Einwohner am 5. Mai 1945 ohne Tod und Zerstörung dank des Mutes einheimischer Nazigegner, die den Ort kampflos der Roten Armee übergeben konnten. Da die Siegermächte Swinemünde und die Insel Wollin ihren polnischen Verbündeten zusprachen, erhielt Ahlbeck den Status einer Kreisstadt für den Neukreis Usedom, der bis 1952 Gültigkeit behalten sollte. Trotz sowjetischen Besatzungsrechts, der alltäglichen Not und verdreifachter Einwohnerzahl, deutete sich mit der Aufnahme von Kinderkuren 1946 und der Eröffnung des Pionierlagers „Boleslaw Bierut" 1949 ein Wiederbeginn des Fremdenverkehrs an. Der Feriendienst der Gewerkschaften, noch vor der DDR-Gründung ins Leben gerufen, erwarb 1950 das Hotel „Ahlbecker Hof" als FDGB-Heim „Bernhard Göring" ganz im Sinne des verkündeten Ziels: „Erholung und Gesunderhaltung für die arbeitende Bevölkerung in den schönsten Gegenden der Republik". Die ersten Urlauber im „antifaschistisch-demokratischen Deutschland“ waren Aktivisten und Schwerarbeiter aus Volkseigenen Betrieben, Kurpatienten der Landesversicherungsanstalten sowie Kinder und Jugendliche aus den zerstörten Städten. In den fünfziger Jahren entwickelte sich Ahlbeck zum größten Objekt des FDGB-Feriendienstes auf der Insel Usedom, inbegriffen die vertragliche Bindung von Privat- und Außenbetten. Zur Gewährleistung der Vollpension, geregelt für die Urlauber im „Ferienscheck“, baute der FDGB bis 1957 das „Haus der Erholung“ als zentrale Verpflegungs- und Kultureinrichtung. Die Reiseeinschränkungen ab 1961 verlangten neue Formen der Kapazitätserweiterung, die ihren Ausdruck im Urlauberdorf und später in der Errichtung eines Bettenhauses für das Heim „Max Kreuziger“ fanden. 1967 wurde in Abstimmung zwischen Regierung, FDGB, SVK und Gesundheitswesen die Verlängerung der Urlaubszeit vorbereitet. Die Zimmer erhielten Heizungen und Volkseigene Betriebe nutzten die Möglichkeiten zum Kauf von Häusern und deren Umbau zu Ferienheimen für ihre Belegschaft. 1969 konnte in der Beherbergung eine Auslastung von 98% erreicht werden. Neue Urlaubsregelungen, sozialpolitische Maßnahmen und ein für alle bezahlbarer Urlaubsplatz in der DDR ließen in Ahlbeck die Zahl der Gäste bis 1979 auf über 60000 organisierte Urlauber, 520000 Naherholer, 15000 Kinderkuren und 6000 Teilnehmer vorbeugender Kuren anschnellen. Nach der Einführung des Visa freien Grenzverkehrs zwischen der DDR und der Volksrepublik Polen 1972, sowie erweiterter Reiseregelungen der DDR mit dem „Nicht-Sozialistischen-Wirtschaftsgebiet“, entdecken auch zunehmend mehr Ausländer den mittlerweile „Staatlich anerkannten Erholungsort“. Die 5600 Einwohner lebten mit, aber keineswegs ausschließlich vom Erholungswesen. Sie arbeiteten in den zahlreichen Geschäften des Handels, in Dienstleistungs- und Verkehrsbetrieben, bei den Grenz- und Zollorganen, in zwei Schulen, in der Fischwirtschaft, in Verwaltungen, auf den Werften des Küstenbezirkes Rostock oder im Kulturbereich, wie der international erfolgreiche Ahlbecker Artist Lothar Schröder. Unter dem Künstlernamen Lothar Löhr begeisterte er als Jongleur das Publikum in aller Welt. Als zweiten Künstler der Branche überhaupt ehrte ihn 1995 seine Zunft in der „Ruhmeshalle der Artisten“. Im Rahmen der Privatisierung und Investitionstätigkeit nach 1990 dominierte sofort der Ausbau des Fremdenverkehrs, im Besonderen der Beherbergungskapazitäten, was sich fördernd auf den Dienstleistungssektor auswirkte. Die fast komplett erhaltene denkmalgeschützte historische Substanz der „Wilhelminischen Bäderarchitektur“ in Ahlbeck bot dafür beste Voraussetzungen. Durch diesen Prozess veränderten sich die Wohnstruktur und der regionale Arbeitsmarkt wesentlich, sichtbar am hohen Anteil von Ferienwohnungen sowie in anhaltender Abwanderung der Bevölkerung, die sich zwölf Jahre nach der „Wende“ auf 3530 Personen reduzierte hatte. Gleichzeitig eröffneten beispielsweise die mehr als 50 gewerblich genutzten Beherbergungseinrichtungen und die notwendige Erstellung von Angeboten für die 81000 Urlauber neue Verdienst und Beschäftigungsperspektiven. Die Bildung des Zweckverbandes „Kaiserbäder“ der drei Seebäder im Usedomer Südosten, nachfolgend „Zweckverband Seebäder Insel Usedom Ahlbeck, Heringsdorf, Bansin“, ermöglichte bis 1996 die Realisierung des Projekts „Ostseetherme“ als Freizeit- und Erlebnisbad, die Wiederherstellung des Landungssteges an der Seebrücke, die Sanierungen der Promenade, der Straßen und öffentlichen Gebäude. Ebenso schuf der Verband die Bedingungen zum Bau von mehreren modernen Rehabilitationskliniken in Ahlbeck und Heringsdorf. 2005 erfolgte der kommunale Zusammenschluss der „Kaiserbäder“ zur Gemeinde Seebad Heringsdorf mit über 9000 Einwohnern. Konnten die „Kaiserbäder“ in der Gesamtheit ihre Führungsposition im Reiseland Mecklenburg-Vorpommern stabilisieren, so wird Ahlbeck im Besonderen zukünftig eine wachsende Bedeutung im grenzüberschreitenden Tourismus zwischen Deutschland und dem EU-Mitgliedsstaat Polen sowie im einmaligen Landschaftsraum des Oderdeltas zufallen.

Der Strandzugang am Ostseeplatz, 2007

Die Kaiserbäder aus der Luft, 1999

Eigentümer der Villa Ecke Dünenstraße/Seestraße war der Weingroßhändler Alfred Junker. Im Hintergrund ist einer der 1908 noch vorhandenen Zwiebeltürme des Hotels „Ahlbecker Hof" zu sehen. Unter den schattigen Bäumen neben dem Kiosk der Buchhandlung steht eine Droschke zur Abfahrt bereit.

In „Junkers Hotel“ richtete die Gemeindeverwaltung nach 1950 Mietwohnungen ein. Die ehemaligen Gasträume nutzten Konsum und staatliche Handelsorganisation als Geschäfte. Heute gehört die restaurierte Villa zum Hotel „Ahlbecker Hof“ und präsentiert sich wieder als Schmuckstück der Bäderarchitektur.

Das „Kaiser-Wilhelm-Kinderheim" wurde 1912 aus Holzfertigteilen errichtet. Es diente der sommerlichen Unterbringung von Berliner Arbeiterkindern sowie der Ausbildung adliger Töchter zu Hofdamen. Die Luftaufnahme von 1913 dokumentiert neben dem Heim auch den Küstenwaldbestand im Inselosten.

Das „Kaiser-Wilhelm-Kinderheim“ übernahm 1949 die Freie Deutsche Jugend als Zentrales-Pionier-Ferienlager. Für die materielle Sicherstellung war der VEB Gießerei Torgelow verantwortlich. 1988 wurde die Anlage unter Denkmalschutz gestellt und gehörte seit 1990 der Sportjugend Berlin.

Vor der Kamera haben sich im Sommer 1902 Eltern, Tochter und Enkelkind, alle in bester Kleidung, nach Anweisung des Strandfotografen platziert. Das Erinnerungsfoto vom Seeaufenthalt war noch längst nicht zur Regel geworden und erforderte schon gewisser Überredungskunst seitens des „Photographen".

Die Ansicht Ahlbecks vom gleichen Standort aus hat sich seit 1902 kaum verändert. Hinter den Dünen erheben sich das „Ostseehotel“, damals als „Strandhotel“ geführt, die Ahlbecker Kirche aus dem Jahre 1895 sowie die Villen zwischen Neue Straße und Karlstraße.

Der „Ahlbecker Hof", 1896 als Fehrmann's Hotel eröffnet, galt im Seebad stets als das Haus „I. Ranges". Nach einem Brand im Obergeschoss wurden die Zwiebeltürme durch einfachere Formen ersetzt. In den 1930er Jahren, als dieses Foto entstand, war der „Ahlbecker Hof" Heim der NS-Gewerkschaft „Deutsche Arbeitsfront".

Ab 1945 gehörte der „Ahlbecker Hof" zum Landratsamt des Neukreises Usedom. 1950 erfolgte die Nutzung als FDGB-Ferienheim „Bernhard Göring". In den 1990er Jahren wurde das Seehotel „Ahlbecker Hof" zum ersten Fünf-Sterne-Hotel auf der Insel Usedom umgestaltet.

Bei der baulichen Erweiterung des Seebades in Richtung Heringsdorf wurden die parallel verlaufenden Luisenstraße und Prinzenstraße durch Querstraßen verbunden. Die Gemeinde ließ diese nach den preußischen Persönlichkeiten Bismarck, Moltke und Roon benennen. In der Roon-Straße galten die Villen „Frithjof" und „Freia" als begehrteste

Adressen der Badegäste. Die Häuser in der Roon-Straße, später umbenannt in Rathenaustraße, dienten ab 1945 vorrangig als Wohnraum für die stark gestiegene Bevölkerungszahl des Seebades. Ebenso erfolgte von dort die Zufahrt zum Sonderheim „Frithjof" und zur neu eingerichteten Kaufmännischen Berufsschule. Die Ansicht von 2007 zeigt die Straße nach umfassender Sanierung.

Das Flanieren auf Promenade und Kurplatz gestaltete sich in der Wilhelminischen Ära zum Höhepunkt eines jeden Tages an der See. Die Damen zeigen sich auch an diesem Vormittag des Jahres 1912 in großstädtischer Garderobe. Deren Ehegatten haben sich, wie um die Tageszeit üblich, zur Herrenrunde zurückgezogen.

Über der Promenade liegt, wie an jedem frühen Sommermorgen, noch eine träumerische Ruhe. Die Turmspitze des Hotels „Ahlbecker Hof" schaut schlaftrunken durch die Baumreihe der Flaniermeile hinaus in die See, als wünsche sie sich Strandwetter. Vor der altehrwürdigen Konzertmuschel stehen ausgerichtet die Bankreihen in Erwartung ihrer Sitzgäste, die sich auf einen musikalischen Vormittag freuen.

Das Ende des Sommers 1958 zeigt das Postkartenmotiv. Die FDGB-Urlauber des Heims „Phillip Müller“ sind abgereist und die letzten Strandkörbe warten auf ihren Abtransport in die Winterquartiere. Inmitten den Dünen verweisen „Buden“ auf die traditionellen Arbeitsplätze der Fischer. Nach Eröffnung des Hotels „Ostende“ und der Villa

„Germania", 2007 vom Dünenbewuchs nahezu verdeckt, begann 1900 die Ausgestaltung des östlichen Promenadenabschnittes. In den 1990er Jahren wurde das frühere FDGB-Bettenhaus durch die Betreiber des Strandhotels mit einem Dachrestaurant versehen. Die letzten Spuren der Ahlbecker Fischer hat dort jedoch längst die Zeit verweht.

Das „Ostseeheim" der Deutschen Gesellschaft für Kaufmännische Erholungsheime war 1885 eine der ersten Pensionen in der Prinzenstraße und trug den Namen „Seeblick". Um 1889 ließ die Aktiengesellschaft Seebad Heringsdorf das Haus zum Hotel „Seeblick" im neugotischen Stil umbauen. In den letzten Monaten des Zweiten Weltkrieges diente

„Seeblick" als Marinebehelfslazarett. Nach Nutzung durch den Volkseigenen Erfassungs- und Aufkaufbetrieb erwarb der FDGB-Feriendienst das Haus und gestaltete es zum Ferienheim „Kurt Bürger" um. Im Nebengebäude wurden die „Ostsee-Lichtspiele" eingerichtet. Heute gehört „Seeblick" dem Sozialwerk der Bundespost und Telekom.

1875 eröffnete der Kaufmann Albert Wendicke das erste Hotel im zukünftigen Seebad. In den Mittelpunkt des Motivs rückte der Fotograf den Saalanbau, der damals wegen seiner Größe Bewunderung bei Badegästen und Erstaunen bei Einwohnern hervorrief. Zwischen den Weltkriegen war „Wendickes Hotel" das offizielle Ahlbecker „Kurhaus".

Als Restaurant und Hotel „Meereswelle" blieb das Äußere des Hauses im Wesentlichen unverändert und ist damit eines der ältesten baulichen Zeugnisse der frühen Bäderarchitektur auf Usedom. Der Saal wurde 2001 abgerissen. Die Fläche des früheren Hotelgartens überdeckt heute der „Johann-Koch-Platz".

Von einem der Balkone des Ostseeheims schaut 1931 der Betrachter entlang der Villenfassaden hinüber bis zum „Ahlbecker Hof". Westlich der Seebrücke führt ein hölzerner Steg durch die Dünen in das „Sonnenbad". Direkt neben dem „Ostseeheim" steht das Hotel „Seeschloß". Mit „Vogeler's Seeschloß" setzten 1884 der Aufbau des See-

bades ein. Das „Seeschloß“ als erste Pension des Seebades an der Promenade, diente mit dem benachbarten „Seeblick“ 1945 zur Unterbringung von Verwundeten des Marinelazaretts Swinemünde. Nach Nutzung durch den Erfassungs- und Aufkaufbetrieb übernahm es der FDGB als Haus II des Heimes „Kurt Bürger“. Bereits begonnene Umbauarbeiten unterbrachen die Wendeereignisse. 2006 wurde die geschichtsträchtige Villa baulich großräumig erweitert als Hotel „Das Ahlbeck“ wiedereröffnet.

Die Seebrücke, aus dieser Perspektive 1939 fotografiert, eröffneten die Ahlbecker 1898 als Restaurant über den Wellen. Die offene Plattform zwischen den Türmchen wurde erst in den 1930er Jahren überdacht. Am Seesteg, im Winter 1941/42 durch Eisgang zerstört, konnten jedoch aufgrund des Flachwassers die Seebäderdampfer damals nicht

anlegen. Die einzige noch erhaltene Seebrücke Kontinentaleuropas aus dem 19. Jahrhundert ist zum Wahrzeichen der „Kaiserbäder" und der Insel Usedom geworden. 1943 geschlossen und 1950 wiedereröffnet wurde das denkmalgeschützte Bauwerk bis 1986 vollständig saniert, 1993 konnte ein neuer Seesteg fertiggestellt werden.

Auf dem selten verwendeten Motiv ist die belebte sommerliche Seestraße 1910 zu sehen. Dort befanden sich Apotheken, Kolonialwaren-, und Lebensmittelgeschäfte, Zeitungsläden, die Druckerei Karl Ernst, der Friseursalon Mitzlaff und das Postamt. Wenige Schritte vom Standort des Fotografen entfernt wird die Seestraße von der Kaiserstraße

gekreuzt. Die Seestraße in Ahlbeck ist bis heute die Hauptgeschäftsstraße geblieben mit Kaufhalle, Spielzeug- und Souvenirgeschäft, Schmuckladen und Bekleidungsshop. Trotz Ausbau als Zufahrtsmagistrale von der Lindenstraße in das Seebadzentrum konnte der Charakter dieses Ortsbereiches bewahrt werden.

Der Promenadenbereich Ostende wurde von 1900 bis 1914 erschlossen. Die vorwiegend mit Jugendstilelementen versehenen Villen grenzen direkt an die Promenade. Das Haus „Meereswarte" präsentiert sich besonders opulent mit Türmchen und Eingangsportal. „Meereswarte" zugehörig war die zurückgesetzte Villa „Am Waldessaum".

Die Villa „Meereswarte“ gehörte in der DDR-Zeit dem Feriendienst der Gewerkschaften als Heim „Max Kreuziger“. Zwecks Erweiterung der Kapazitäten ließ der FDGB um 1973 ein Bettenhaus im Plattenbaustil anfügen. Nach der Privatisierung erhielt der Komplex den Namen „Strandhotel“.

Bis Anfang der 1920er Jahre war die Strandbenutzung durch Verordnungen geregelt. Gebadet werden durfte nur in Badeanstalten. Diese unterteilten sich in Damen-, Herren- und Familienbäder. Verstöße gegen Verordnungen konnten die „Zahlung von 9 Reichsmark" oder „3 Tage Haft" nach sich ziehen.

Mit Einführung der Freibadeerlaubnis 1923 mussten die Badeanstalten nicht mehr benutzt werden und dienten lediglich noch dem Umkleiden. Das „öffentliche Nacktbaden“ war ausdrücklich verboten. Als der Fremdenverkehr ab 1948 wieder in Aufschwung kam, hatte der Strandkorb längst seine alleinige Berechtigung nachgewiesen.

Die Postkarte aus den 1920er Jahren zeigt ein für Ahlbeck häufig verwendetes Motiv. Im Mittelpunkt des Seebrückenzuganges steht die Jugendstiluhr. Die finanziellen Mittel für die Anschaffung des „einmaligen Zeitmessers" spendete 1911 die Berlinerin Maria Grunack.

Auch 2007 führt der erste Weg der Ahlbeckbesucher zur Uhr und Seebrücke. Die Uhr wechselte über die Jahre mehrfach ihre Farbgebung und wurde mit einem modernen Werk versehen. Der Seebrückenpavillon entspricht im Wesentlichen der Form des Jahres 1939.

Die Dünenstraße zwischen Neue Straße und Kurze Straße in der Ansicht auf einer kolorierten Postkarte von 1916 verläuft in Ahlbeck parallel zur Promenade. Diese im Vergleich mit den anderen Usedomer Seebädern ungewöhnliche Wegführung entsprach den Forderungen der Villenerbauer, die als Handwerker und Fischer direkte Grundstückszu-

fahrten benötigten. Aufgrund der wirtschaftlichen Veränderungen dienen die restaurierten Villen in der Dünenstraße fast ausschließlich der Gästebeherbergung. Damit hat die Straße selbst ihre eigentliche Funktion verloren und ist nur noch eingeschränkt für den PKW-, Zuliefer- und Linienverkehr freigegeben.

Eine weitere Villa mit dem Namen „Seeblick" stand an der Ecke Seestraße/Luisenstraße. Ersteigentümer und Erbauer war der Maler Priewe. Wegen der guten Lage richtete er Läden ein und vermiete diese an Geschäftsleute. Als architektonische Besonderheit galt die Zwiebelkuppel.

2007 wurde die Villa, in der sich bis zuletzt Geschäfte befanden, aufgrund der baulichen Substanz abgetragen. Nach Vorstellung des Architekten passt sich das neue Haus dem Stil des Vorgängerbaus an. Die historische Zwiebelkuppel konnte gesichert werden und krönt nach Fertigstellung wieder das dominierende Gebäude an der unteren Seestraße.

Wie diese Fotografie zeigt, war 1905 der Übergang vom Fischerdorf zum Seebad abgeschlossen. Die Seebrücke, schon mit Motorbootsteg, bestimmt das Bild des Strandes, auf dem sich wetterbedingt nur einzelne Badegäste aufhalten. In den Dünen haben Fischer ihre Netze zum Trocknen aufgehängt.

Die Seebrücke beherrscht majestätisch den gereinigten Strand. Die wenigen Ahlbecker Fischer sind mit ihren Booten noch nicht vom Morgenfang zurückgekehrt. Der Himmel über den Kaiserbädern verspricht einen der wenigen warmen Tage im Sommer 2007, welcher bald unzählige Urlauber an die Küste der Insel Usedom locken wird.

Die Postkarte zeigt die noch nicht gepflasterte Lindenstraße um 1908. Der Fotograf wählte den Blick in Richtung Ortsausgang Heringsdorf und setzte die damals noch reichhaltig vorhandenen Lindenbäume wirkungsvoll ins Bild. Auf der rechten Seite verweist eine Fahne auf „Heyn's Hotel".

In der Lindenstraße, verbreitert und dem Verkehrsaufkommen angepasst, erinnert nur noch wenig an den einstigen Baumbestand. „Heyn's Hotel" wurde um 1900 zum Rathaus des Seebades umgebaut, bis zum Jahr 2000 genutzt und dann abgetragen. An der Stelle des Hauses befindet sich heute ein Parkplatz.

Literaturhinweise

- Baenz, Ulrich, Ahlbeck-Seebad auf Usedom, Axel Diedrich Verlag Peenemünde 1988
- Burkhardt, Robert, Geschichte des Hafens und der Stadt Swinemünde, Verlag W. Fritzsche Swinemünde 1921
- Erdmann, Robert, Chronik von Ahlbeck (Seebad), bis zum Jahre 1918 (unveröffentlicht)
- Ernst, Karl, Chronik von Ahlbeck (Seebad) bis zum Jahre 1914 (unveröffentlicht)
- Gadebusch, Wilhelm Friedrich, Chronik der Insel Usedom, Verlag W. Dietze Wriezen 1864
- Gildenhaar, Dietrich, Seebad Ahlbeck 1700-2002, DAG Edition Seebad Ahlbeck 2002
- Gildenhaar, Dietrich, Heißer Sommer - mit Ferienscheck nach Usedom, DAG-Edition Seebad Ahlbeck 2007
- Huls, Wilhelm; Böttcher, Ulf, Bäderarchitektur, Hinstorff Verlag Rostock 1998
- Koch, Karl, Strand und See, Lebensbilder und Naturansichten aus dem Seebade und Fischerdorfe Ahlbeck, Berlin 1873
- Müller, Edwin, Die Seebäder der Insel Usedom und Wollin und der angrenzenden pommerschen Küste, Verlag von Barhoff & Co. Berlin 1896
- Von Knobelsdorff-Brenckenhoff, Benno, Die Aalbeck-Kolonisten und das Thurbruch auf der Insel Usedom in Vorpommern, Selbstverlag, Herder Bibliothek Siegen 1992
- Stern, Carola, In den Netzen der Erinnerung, Lebensgeschichte zweier Menschen, Rowohlt Verlag Reinbeck 1986
- Tourismusbericht 2002, Zweckverband Seebäder Insel Usedom, Seebad Ahlbeck 2003
- Usedom – Sagen und Geschichten, Demmler Verlag, Schwerin 2005
- Ahlbeck, Heringsdorf, Bansin – Die Usedomer Kaiserbäder, Demmler Verlag, Schwerin 2005
- Usedom, DuMont Verlag, Ostfildern 2006
- Usedom, Karl Baedeker, Ostfildern 2007
- Stürtz Regio: Usedom, Verlagshaus Würzburg, Würzburg 2004

In dieser Serie erschienen

Seebad Heringsdorf –
Die Entwicklung eines Badeortes

ISBN 978-3-939399-11-7

Seebad Bansin –
Die Entwicklung eines Badeortes

ISBN 978-3-939399-10-0

Seebad Ahlbeck –
Die Entwicklung eines Badeortes

ISBN 978-3-939399-12-4

Dietrich Gildenhaar, geboren 1951 in Hödingen, Bezirk Magdeburg, wohnhaft in Seebad Ahlbeck, 1966-70 Besuch der Erweiterten Oberschule Haldensleben, Abitur, Facharbeiterabschluss als Schlosser, 1972-1976 Geschichts- und Germanistikstudium an der Universität Greifswald, Abschluss als Diplomlehrer, 1976-1992 Arbeit als Lehrer, Mitglied der Gesellschaft für Pommersche Geschichte, Altertumskunde und Kunst, seit 1993 Privatunternehmer im Tourismus, journalistische Tätigkeit, freiberuflicher Autor,
Veröffentlichungen u.a.: Insel Usedom – Insel Wollin, Reisehandbuch; Swinemünde 1860-1945 – Ein photographischer Streifzug; Seebrücken – Wunder aus Holz; Bäderarchitektur und Meer – Ostseebäder der Insel Usedom; Heißer Sommer – Mit Ferienscheck nach Usedom 1945-1989; Katastrophen – versunken, verschollen, vergessen; Insel Wollin – Reiseführer; Auf der Kaisermeile – Reiseführer

Der Fotograf Volker Knuth wurde im Jahre 1940 im Seebad Heringsdorf geboren. Seine Ausbildung absolvierte er als Fotolaborant und erlangte den Meisterabschluss. Als Fotografenmeister war er von 1977 bis 2006 selbständig. Seit 2006 widmet er seine Zeit, um nach Herzenslust selber zu fotografieren. Für das vorliegende Buch war er in den drei „Kaiserbädern" Bansin, Heringsdorf und Ahlbeck unterwegs und spürte genau die Stellen auf, von denen aus seine Berufskollegen vergangener Tage die historischen Aufnahmen machten. Die Auswahl der Aufnahmen richtete sich nach den derzeitigen Möglichkeiten zu fotografieren. Nicht immer war das möglich, manche Sichten sind inzwischen verbaut oder als Privateigentum nicht zugänglich. Die im Buch vereinten Fotos zeigen aber Folgendes: Den Wandel der Zeiten anhand der abgebildeten Personen und schöne Architektur ist unvergänglich.